LA ESPI

Jugando al escondite

Autores: Ch. Touyarot y M. Gatine.
Ilustración: Ch. Vicini
Adaptación y coordinación editorial:
Carmen Rodríguez Eyré.
Emilia Hernández Pérez-Muñoz.

Edita desde 1866
Magisterio

José Miguel juega al escondite
con sus amigos.
Le toca quedar a él.
Empieza a contar: "Uno, dos, tres..."
Entretanto los demás corren a
esconderse.

Pero José Miguel nota algo
en una mano.
Para de contar
y mira lo que le hace cosquillas:
"¡Es una hormiga!"

La hormiga parece que está buscando algo.
Corre por el brazo de José Miguel.
Después da media vuelta
y viene hacia el pulgar.
José Miguel se queda muy quieto.

La hormiga anda y anda sin parar
con sus seis patas.
De vez en cuando se para
y estira las antenas
hacia la cara de José Miguel.

De repente José Miguel no la ve más.
Ha desaparecido.
Se levanta la manga del jersey.
No está. Separa los dedos.
Tampoco.
Gira la mano: "¡Ah, ya te tengo!"

Ahora José Miguel quiere volver
a ponerla en el árbol.
Apoya el dedo contra el tronco.
La hormiga aprovecha el puente
y sube rápidamente
hacia las primeras ramas.

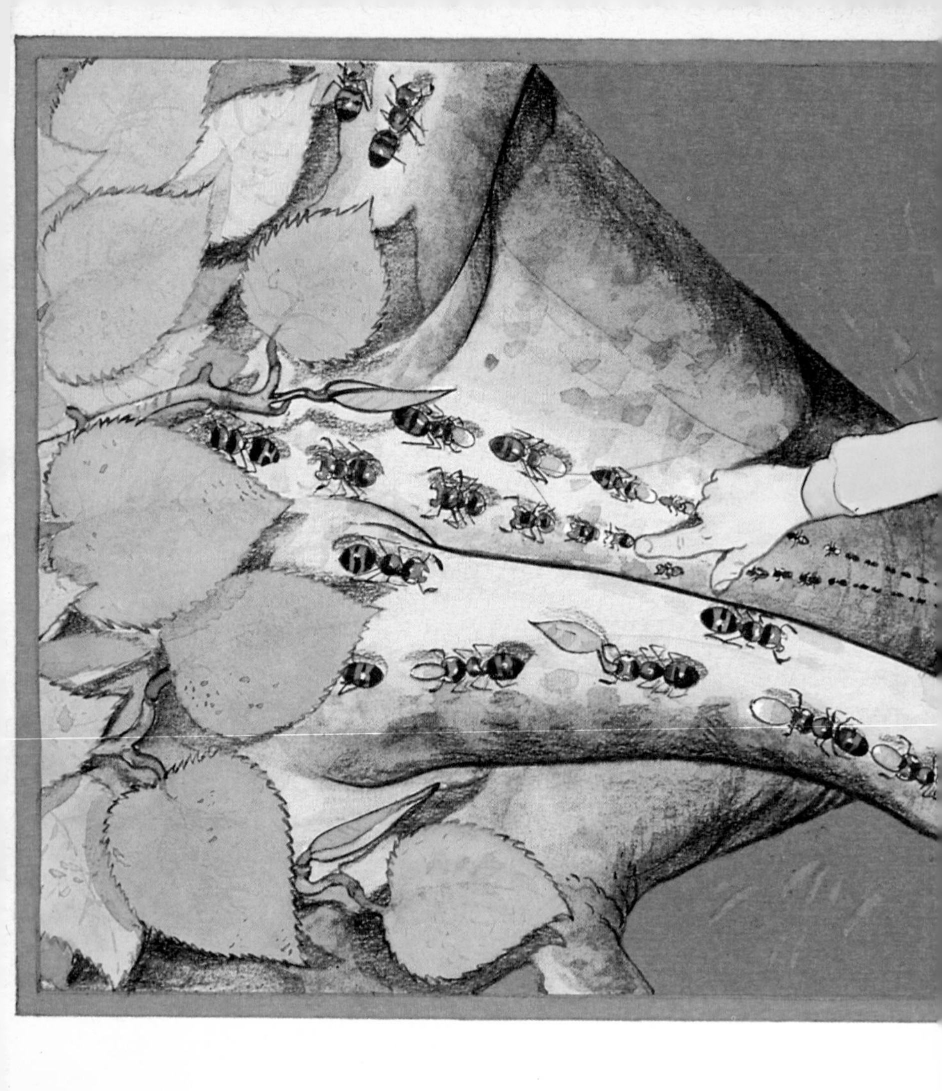

"¡Si no está sola!
¡Hay decenas de hormigas
que suben y bajan con ella!"
Dos filas de hormigas que cruzan.
José Miguel está cada vez
más intrigado.

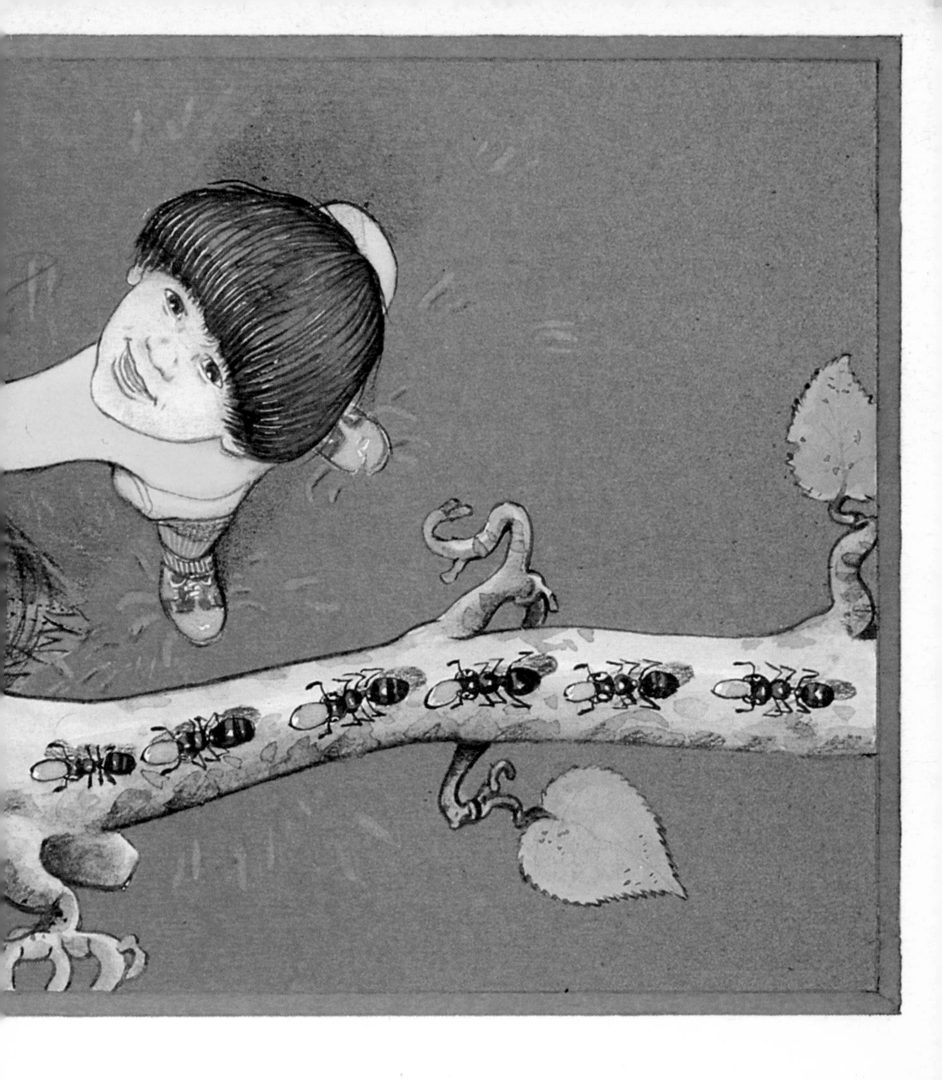

Algunas avanzan despacio,
mucho más despacio que otras.
José Miguel abre mucho los ojos:
y ve que llevan cositas blancas
tan grandes como ellas.

"Yo no podría llevar paquetes
tan grandes como yo", piensa José Miguel.
A veces tropiezan
pero no sueltan el botín
¿A dónde van?

José Miguel se fija en la columna
que baja.
Al pie del árbol
hay un montón de tierra.
Entran ahí. En su casa.
Ahí es donde guardan sus tesoros.

De pronto aparecen Marta,
Fernando y los demás:
"— José Miguel, ¿dónde estás?
Estábamos hartos de estar
escondidos."
"¿Ya no juegas?" "¿Qué miras?"

Miraba esto, es apasionante.
"¡Mirad, mirad, esas hormigas!"
Todos se tumban en la hierba.

"¿Veis? Entran en su casa, allí."
"— Llevan granitos", dice Marta.
"Es comida para sus hormiguitas
y para ellas, cuando llegue
el invierno."

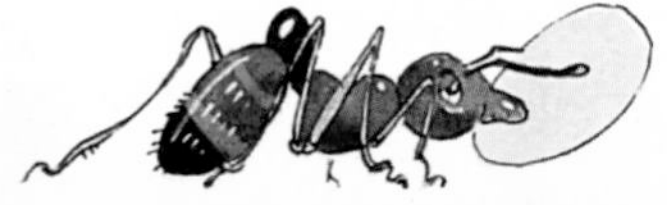

"— ¡Pero aquí hay otras que no llevan nada!", observa Fernando.
"¿Juegan al escondite?"
"No", dice José Miguel,
"vuelven a buscar más
provisiones.
No se paran nunca."

"— Bueno, ¿no jugamos más?",
pregunta Fernando.
— "No", contestan los demás,
se está mejor mirando las hormigas.
Es más divertido que jugar al escondite.
Cuando vas corriendo, no te enteras de nada."